DIE REIHE
Archivbilder

IDAR-OBERSTEIN

BILDER AUS ACHT JAHRZEHNTEN

Blick vom Homersfelsen über die Nahe und über die Wilhelm- und Hauptstraße zum Marktplatz, um 1970.

DIE REIHE
Archivbilder

IDAR-OBERSTEIN

BILDER AUS ACHT JAHRZEHNTEN

Manfred Rauscher und Peter Wenzel

SUTTON
VERLAG

Sutton Verlag GmbH
Arnstädter Straße 8
99096 Erfurt
www.suttonverlag.de
Copyright © Sutton Verlag, 2001
7. Auflage, 2021

ISBN: 978-3-89702-320-8
Druck: Books on Demand GmbH, Norderstedt, Deutschland

Blick von der unteren Hauptstraße auf die Felsenkirche und die beiden Burgen, um 1840. Hier
handelt es sich um eine Lithographie des englischen Malers und Stahlstechers Henry Winkles.

Inhaltsverzeichnis

Altes Bahnwärterhäuschen am Bahnübergang Struth.

Vorwort

Über die Stadt Idar-Oberstein sind in den vergangenen drei Jahren drei Bildbände mit historischen Aufnahmen erschienen. Dies ist sicherlich bemerkenswert angesichts der Größe unserer Heimatstadt.

Einerseits spricht dies für den Eifer der Chronisten. Auf der anderen Seite hat Idar-Oberstein jedoch so viel Sehenswertes zu bieten, was sicherlich auch die Zeitzeugen der vergangenen Jahrzehnte immer wieder dazu bewogen hat, Momentaufnahmen des Alltagslebens und Stadtansichten im Bild festzuhalten.

Nachdem den erwähnten Werken aus den vergangenen Jahren der berechtigte verlegerische Erfolg zuteil wurde und nachdem der Buchhandel ebenso wie der Verlag erneut die Herausgabe eines Bildbandes anregte, habe ich gerne das Stadtarchiv mit der Sichtung des Bildmaterials beauftragt. Nach intensiver Einsicht in die vorhandenen Bestände konnte dann dem Sutton Verlag für die Erstellung des Bildbandes „grünes Licht" gegeben werden.

Was die beiden kooperierenden Autoren nach Durchsicht der Bestände zu Tage brachten, ist einfach enorm. Es handelt sich nahezu ausnahmslos um Fotos, die bisher in dieser Form noch nicht veröffentlicht wurden und daher dem weitaus größten Teil der Öffentlichkeit unbekannt sein dürften.

Die im Band gezeigten Aufnahmen zeichnet hierbei besonders aus, dass häufig die Menschen im Mittelpunkt des Geschehens stehen. Dazu gehören neben einigen prominenten Personen hauptsächlich die Menschen, die hier leben, gleich ob sie bei der Arbeit, beim Sport oder einer sonstigen Tätigkeit fotografiert wurden. Viele Idar-Obersteiner werden sich in dem Band selbst abgebildet sehen oder auf dem einen oder anderen Foto Freunde, Verwandte oder Nachbarn erkennen.

Auffallend an diesem Band ist – soweit dies irgend möglich war – die akribische Datierung der einzelnen Fotos sowie die informative Beschreibung der darauf abgebildeten Begebenheit und Orte. So erfüllt dieses Werk nicht nur den Zweck eines Bildbandes, sondern auch eines kleinen Nachschlagewerkes. Mein Dank gilt deshalb beiden Autoren für die akribische Recherche ebenso wie dem Sutton Verlag, der nunmehr bereits den zweiten Bildband über unsere schöne Heimatstadt auf den Weg gebracht hat.

Ich bin mir sicher, daß durch die Veröffentlichung dieses Werkes auch ein weiterer Beitrag für die Öffentlichkeitsarbeit der Stadt geleistet wurde.

Möge der Bildband zahlreiche Interessenten finden und ein ebensolcher Verkaufsschlager wie die vorhergehenden Bände werden.

Hans-Jürgen Machwirth
Oberbürgermeister

Die Aufnahme vom Mai 1969 zeigt einen Teil des Idarer Marktplatzes, der der Bevölkerung schon seit langem als Treffpunkt diente. Die Grünanlage mit Blumenbeet im Vordergrund ist jedoch schon längst verschwunden. Noch in diesem Jahr erhält der Marktplatz ein völlig neues Aussehen.

1

Ansichten von Oberstein und Idar

Blick auf Oberstein mit Felsenkirche und den beiden Burgen im Hintergrund. Am rechten Bildrand ist der Turm des alten Kirchengebäudes der katholischen Gemeinde St. Walburga zu erkennen, welches im Jahr 1967 abgerissen wurde. Die Aufnahme entstand um 1880.

Die Felsenkirche, hier in den zwanziger Jahren, wurde im Zeitraum von 1482 bis 1484 erbaut. In den Jahren von 1927 bis 1929 wurde eine umfassende Renovierung vorgenommen, wobei man teilweise die historische Bausubstanz verletzte.

Unterhalb der Felsenkirche liegt der Marktplatz. Das Foto aus der Jahrhundertwende zeigt das Gasthaus „Zur Krone", das heute noch existiert.

Das Foto aus dem Jahr 1949 zeigt den Kirchweg, der vom Marktplatz hinauf zur Felsenkirche führt. Das Haus im Vordergrund wurde 1963 im Zuge der Umgestaltung des Marktplatzes abgerissen. An gleicher Stelle entstand ein Neubau, der bis in die jüngste Vergangenheit ein Café, das über viele Jahre hinweg verschiedene Namen trug, beherbergte.

Vom „Hotel Bach" aus, das später zum „Schlosshotel" wurde, kann man das herrliche Panorama Obersteins genießen. Unser Foto aus dem Jahre 1899 zeigt Mitglieder der Schlossgesellschaft mit dem Gastwirt Bach, vorne rechts mit weißer Schürze zu erkennen.

Der Bereich Wilhelmstraße/Schönlautenbach, 1955. Der Steg im Vordergrund wurde im Jahre 1940 gebaut und war Vorgänger der Schönlautenbachbrücke, die am 4. Mai 1958 dem Verkehr übergeben wurde. Der Turm an der Wilhelmstraße war Teil der 1954/55 erbauten Kläranlage.

Diese Aufnahme, entstanden vor dem Ersten Weltkrieg, zeigt Arbeiter der Bijouteriefirma „Eduard Hahn" vor dem Fabrikgebäude.

Nur wenige Meter unterhalb dieser Fabrik befand sich der Lagerplatz des Stadtbauamts Oberstein, hier mit den städtischen Arbeitern, Anfang der dreißiger Jahre. Der Platz wurde 1934 nach der Entstehung der neuen Stadt Idar-Oberstein aufgehoben.

Im Winter 1962/63 war die Nahe zugefroren. Dazu steht in der Stadtchronik aus dem Jahr 1963 Folgendes: „Es war ein Winter, wie man ihn seit dem strengen, sogenannten Russland-Winter 1942/43 nicht mehr erlebt hat, ein Winter von ununterbrochener Beständigkeit."

Sogar ein Fußballspiel war auf der zugefrorenen Nahe möglich. Unsere Aufnahme entstand kurz vor der Schönlautenbach-Einmündung im gleichen Winter.

Die von 1926 bis 1928 erbaute Festhalle in der Wilhelmstraße, um 1960. Am 1. Januar 1999 übertrug der Turnverein Oberstein dieses Gebäude für 40 Jahre der Stadt in Erbbaupacht. Nach ihrer Renovierung und Neueröffnung am 10. Dezember 1999 wurde die Halle zum neuen Kulturzentrum, dem Stadttheater.

Diese Aufnahme zeigt ebenfalls die Wilhelmstraße in der gleichen Epoche. Auffallend bei beiden Bildern ist das zur damaligen Zeit noch übliche Straßenpflaster.

15

Herbststimmung auf dem Parkplatz an der Festhalle, um 1960.

Als Verlängerung der Wilhelmstraße in Richtung Bahnhof schließt sich die Wasenstraße an, hier eine Aufnahme um 1917.

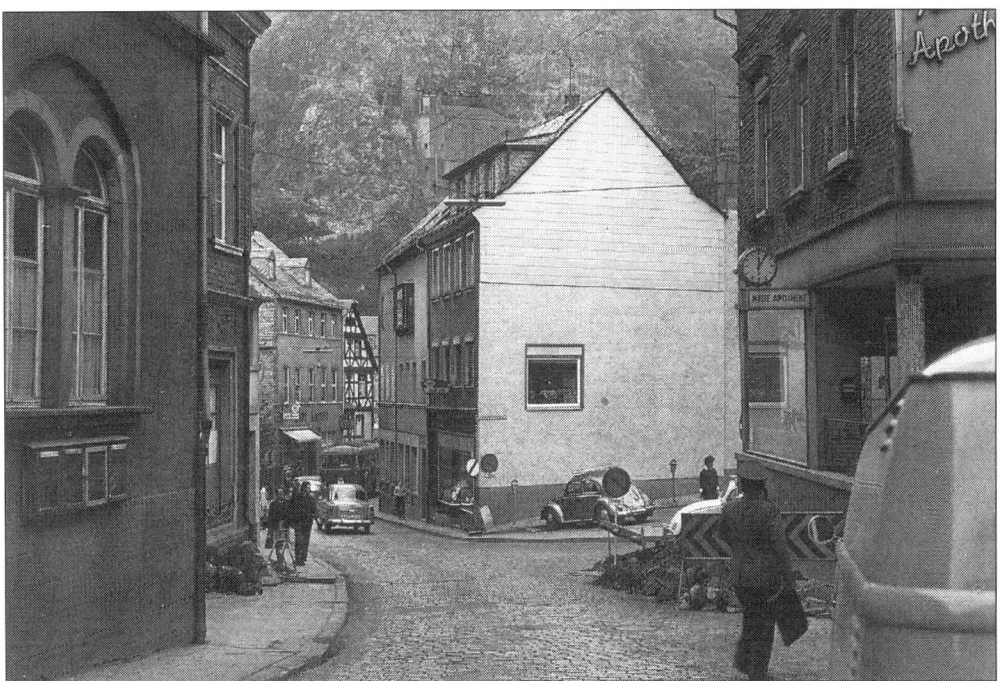

Die Wasenstraße um 1960. Am linken Bildrand ist die Anfang der siebziger Jahre abgerissene katholische Wasenschule noch zu erkennen.

Ein Teil der Bahnhofstraße wurde nach einem Beschluss des Gemeinderates vom 22. Dezember 1947 nach dem Ehrenbürger Otto Decker benannt. Auf diesem Foto von 1960 ist neben der chemischen Reinigung die Rückseite des Hotels „Post" zu erkennen, das 1964 abgerissen wurde. Am 18. März 1965 eröffnete hier das Kaufhaus „Woolworth". Baubeginn der Kreissparkasse im Hintergrund war im März 1959.

Auf dem Bild sieht man die Bahnhofstraße mit dem Bahnhof am rechten Bildrand. Im Hintergrund befindet sich die Hohlkaserne. Die Oberleitungen für den Oberleitungsbus, der sich damals noch in Betrieb befand, sind noch zu erkennen, um 1960.

Von der unteren Hauptstraße führen zahlreiche steile Treppen in teilweise idyllische Gassen. Wir befinden uns hier in der Gasse „Im Graben". Die Aufnahme aus den zwanziger Jahren zeigt deutlich, in welch bescheidenen Unterkünften die Menschen damals lebten.

Das 1772 von dem Franzosen Johann Baptista de Meaux erbaute „Haus Demeaux" kurz vor seinem Abriss im März 1961. Im Jahre 1894 ging es in den Besitz der evangelischen Kirchengemeinde über. Die Stadt kaufte das Gebäude und legte dort einen Parkplatz an.

So sah es nach dem Abbruch des „Hauses Demeaux" aus.

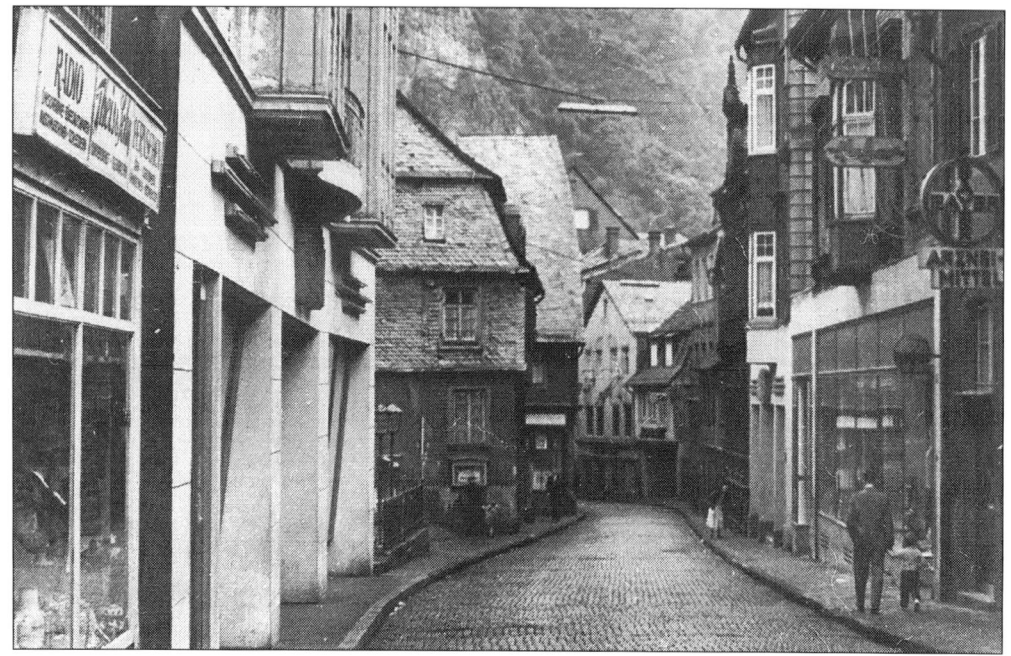

Ein weiterer Blick auf das „Haus Demeaux". Deutlich ist die damalige Enge der Hauptstraße zu erkennen. Im Bild links sieht man das damalige „Kaufhaus Hägin" und daneben die Grundstücke „Bräustübel" und „Demeaux".

Arbeiter während des fast vollendeten Abbruchs des „Hauses Schmeyer". Auf der gegenüberliegenden Straßenseite standen noch zwei Geschäfte, die es seit langer Zeit nicht mehr gibt: das Fischgeschäft „Nordsee" und das Radiogeschäft „Hugo Rupp". Die Aufnahme stammt aus dem Frühjahr 1961.

Auch diese Aufnahme um 1960 zeigt, wie eng die Hauptstraße einst war. Zu sehen ist neben der „Nordsee" auch das Spielwarengeschäft „Peter Drey".

Das Foto zeigt die belebte Obersteiner Hauptstraße mit dem „Kaufhaus Hägin" rechts im Vordergrund während der Adventszeit im Jahre 1962. Anfang der fünfziger Jahre übernahm die Adolf Hägin KG aus Trier dieses Gebäude, in dem sich einstmals das „Kaufhaus Pielmeyer" befand.

Imbissstand neben dem Gasthaus „Badischer Hof". Während heutzutage die Essecken in der Hauptsache Pizza, Kebab oder Hamburger anbieten, begnügte man sich damals noch mit der guten alten Bratwurst. Das Bild wurde Anfang der sechziger Jahre aufgenommen.

Wir kommen nun zum oberen Teil der Hauptstraße. Der Weg führt hier weiter auf den Platz „Auf der Idar". Die Aufnahme stammt aus dem Jahr 1900.

So sah es sechzig Jahre später aus. Unter anderem lag hier das Depot des Getränke-Großhändlers Franz Stein. Am linken oberen Bildband ist noch ein Teil der im Jahr 1937/38 erbauten Klotzberg-Kaserne zu erkennen.

Der Platz „Auf der Idar" um 1960. Volksfeste und Zirkusveranstaltungen wurden dort abgehalten. Vor allem diente das Gelände aber als Parkplatz, wie hier auf dem Foto zu sehen ist.

Die Turnhalle des Turn- und Fechtclubs Oberstein auf dem Platz „Auf der Idar". Während der Zeit des Ersten Weltkriegs musste die Stadt Oberstein zeitweise Unterkünfte für Truppen bereitstellen. Die Aufnahme aus dem Jahr 1917 zeigt einquartierte Soldaten vor der Halle.

Der Platz „Auf der Idar" im Jahre 1955. Viele Häuser, insbesondere diejenigen am rechten Bildrand, stehen seit langer Zeit nicht mehr.

Aus Kirn kommend, stieß man von 1855 bis 1972 am Eingang von Oberstein auf die Almericher Schleife, auch „Schleife in Unterst-Altenberg" genannt. Einige Jahre vor ihrem Abriss diente sie einer Familie als Unterkunft. Heute steht hier die Kläranlage am Almerich.

Das Foto zeigt vom Gefallenen Felsen aus die Hauptstraße von Oberstein nach Kirn und die Eisenbahnbrücke. Links am Bildrand die noch wenig bebaute Struth. Erkennbar ist die alte Ziegelei, welche kurz vor 1900 erbaut und Mitte September 1956 abgerissen wurde.

Zu sehen ist ein Gebäude in Oberstein, das inzwischen total verändert bzw. abgerissen wurde. Das Naturfreundehaus war im Jahr 1926 nicht mehr als eine Baracke.

Dieses Foto zeigt die Seitenansicht des alten Amtsgerichts. Das Gebäude wurde 1971/72 „niedergelegt", so ein alter Zeitungsbericht.

Die etwa sechs Kilometer lange Hauptstraße verbindet die Stadtteile Oberstein und Idar. Auf „Idarer Bann" befindet sich die Zentrale der Oberstein-Idarer Elektrizitäts-AG, die seit ihrer Gründung 1899/1900 für den öffentlichen Personennahverkehr zuständig ist. Unser Foto aus den zwanziger Jahren zeigt den Betriebshof.

Die Hauptstraße in Idar, aufgenommen in den sechziger Jahren. Links auf einer kleinen Anhöhe steht die Neue Gewerbehalle.

Der im Frühjahr 1895 begonnene Bau der Neuen Gewerbehalle auf dem „Klöppchen" wurde durch den Großherzog von Oldenburg am 2. September 1896 eingeweiht. Bis 1973 war sie Ausstellungshalle der einheimischen Edelstein- und Schmuckindustrie sowie Bildungs- und Forschungseinrichtung. Im November 1990 erwarb die Christengemeinde „Arche" das Gebäude.

Die Hauptstraße im Zentrum von Idar. Links das im Jahr 1863/64 erbaute Haus des Idarer Handelsmannes Johann Jakob Hahn, der von 1805 bis 1886 lebte. Im Hintergrund ist die Straßenbahn zu erkennen. Die Aufnahme stammt aus dem Jahr 1910.

Straßenszene an der Ecke Hauptstraße/
Bismarckstraße/Schmidtsgässchen im
Jahre 1905. Links ist das Gebäude von
„Hahne-Willems" zu sehen.

Die Ecke Haupt-, Bismarck- und Layenstraße im Jahre 1960. Links sieht man die „Römerbar"
mit Aufgang zum „Wingertchen", rechts das Geschäft der Gebrüder Hahn.

Hier wurde die Idarer Hauptstraße von der Layenstraße aus aufgenommen. Mit Beginn der Motorisierung mussten sich die Anwohner an ein starkes Verkehrsaufkommen gewöhnen, wozu auch die Transporte der hier stationierten US-Streitkräfte beitrugen. Hier eine Aufnahme aus dem Jahr 1963.

Das Bild zeigt eines der Seitengässchen der Idarer Hauptstraße – das Schmidtsgässchen – im Jahre 1949.

Das Haus der Firma „Philipp Huber Erben", Textilgeschäft und Betteinrichtungen, 1961. In dem Jahr feierte die Firma ihr 100-jähriges Bestehen. Zu erkennen ist noch die Oberleitung für den Trolleybus, der fünf Jahre zuvor die Straßenbahn abgelöst hatte.

Zu sehen ist die Hauptstraße in Idar in Höhe des Gebäudes der heutigen Volksbank. Links im Hintergrund befindet sich das Reformhaus Gräff, das im Juni 1962 abgerissen wurde. Das Foto stammt aus dem Jahr 1955.

Der Idarer Alexanderplatz mit der Alten Gewerbehalle, auch „Industriehalle" genannt, auf einem Foto von 1937. Das 1825 erbaute Schulhaus wurde von 1859 bis 1896 vom Gewerberat des Oberstein-Idarer Fabrikwesens als Ausstellungshalle genutzt. Hier fand 1879 die „Oberstein-Idarer Industrieausstellung" statt. Das Gebäude wurde im November 1952 abgerissen.

Dies ist ein Foto aus der so genannten „guten alten Zeit". Hier sieht man die Postkutsche auf dem Alexanderplatz, um 1910.

Vom Alexanderplatz führt die Hauptstraße ins Überdorf. Im Hintergrund sieht man den Turm der evangelischen Stadtkirche und das Idarer Krankenhaus. Typisch für diese Zeit waren die Treppen vor den Hauseingängen. Es handelt sich hier um eine Aufnahme von 1917.

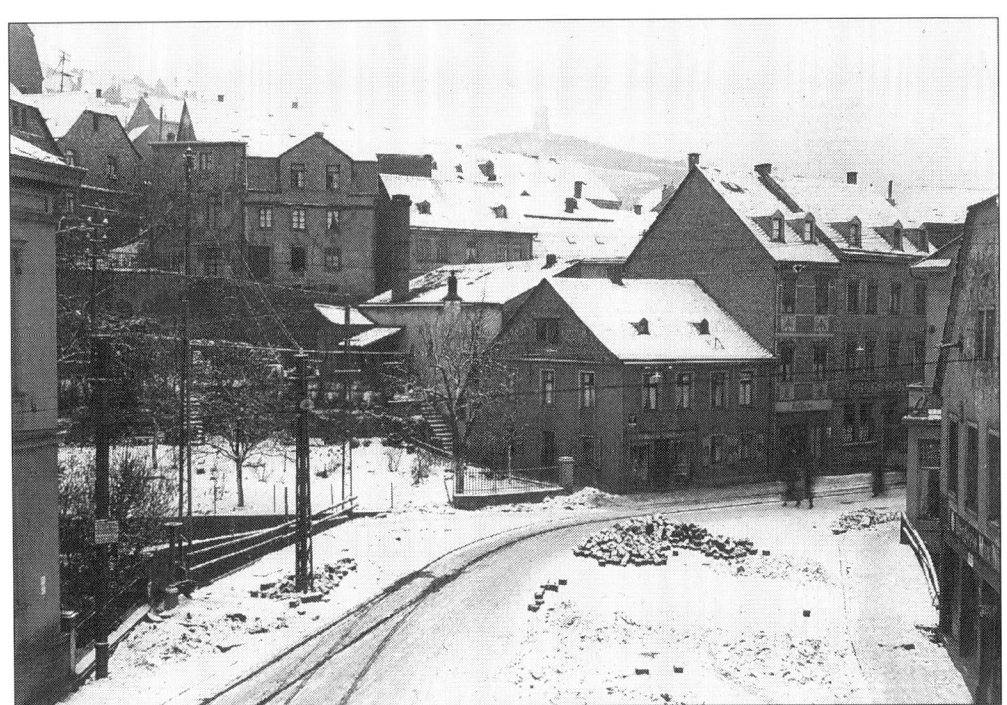

Der Idarer Alexanderplatz aus Richtung Überdorf aufgenommen, hier im Jahr 1923. Rechts am Bildrand ist die Alte Gewerbehalle zu erkennen.

Der Idarer Alexanderplatz ist hier etwa drei Jahrzehnte später, 1955, aufgenommen worden.

Das Überdorf im Jahre 1935. Links sieht man das 1774 erbaute Badische Amtshaus, später „Haus Koch" genannt. Das Barockgebäude wurde am 19. April 1945 zusammen mit anderen Häusern bei der Explosion eines amerikanischen Tankwagens zerstört.

Das Überdorf ist hier zwölf Jahre später ungefähr vom selben Standpunkt aus aufgenommen. Im Hintergrund erkennt man das „Hotel Schwan".

Der Blick führt von der Layenstraße zum Überdorf. Hinter der evangelischen Stadtkirche ist das Idarer Krankenhaus zu erkennen. Die Aufnahme stammt aus dem Jahr 1950.

Das Foto zeigt den Eingang zur evangelischen Stadtkirche, hier im Winter 1946/47.

Das Idarer Krankenhaus befand sich 1901 noch im Bau. Rechts davon sieht man die 1888 erbaute Idarer Turnhalle und den Turm der evangelischen Stadtkirche.

Das Idarer Überdorf mit Turnhalle und Krankenhaus auf der Anhöhe, 1913.

Oberstweiler, vom Rödgesberg aus gesehen, ist auf diesem Bild noch wenig bebaut. Die Aufnahme stammt aus dem Jahr 1963.

Tiefenstein mit dem Kallwiesweiher und der Weiherschleife im Vordergrund, 19. Juli 1958. An diesem Tag wurde von der Marinekameradschaft Idar-Oberstein ein Modellbauwettbewerb mit Schiffen jeglicher Art ausgerichtet. Rechts ist der Steinbruch Setz zu erkennen.

Das 1799 erbaute Barockhaus „Emil Casper" an der Ecke Kobachstraße/Hauptstraße, 1955. Das Gebäude kam 1883 durch Erbteilung in den Besitz der Familie Casper, die nach dem Abriss im April 1955 ein modernes Geschäftshaus baute, welches am 29. November 1955 eröffnet wurde.

Das Barockhaus „Casper" wird hier aus einer etwas anderen Perspektive gezeigt. Dahinter das im Januar 1913 eröffnete Café Schneeberger. In diesem Gebäude befindet sich heute eine Parfümerie. Das Foto entstand im April 1955.

Das Foto zeigt den Idarer Schleiferplatz im Mai 1955 mit der katholischen Kirche St. Peter und Paul im Hintergrund. Zu sehen sind noch die Schienen für die Straßenbahn, die ein Jahr später nach der Einstellung des Straßenbahnbetriebs entfernt wurden.

Auf diesem Bild vom Mai 1955 sieht man die Idarer Hauptstraße in Richtung Schleiferplatz mit dem Geschäftshaus für Industriebedarf „Wilhelm Kruel" im Hintergrund.

Die von dem Apotheker Hermann Dörr gegründete Idarer „Adler-Apotheke" an der Ecke Hauptstraße/Kobachstraße. Auf dem Platz des Ende der fünfziger Jahre abgerissenen Gebäudes steht heute eine Filiale der Commerzbank.

Die Einmündung in die Kobachstraße mit dem Eingang zur Adler-Apotheke rechts, Ende der fünfziger Jahre. Im Hintergrund sieht man das Kasino. Im September 1956 bezog die Volksbank das Gebäude. Links steht das Haus „Café Schneeberger", später Drogerie Reimers.

Hier sieht man die Kreuzung Kobachstraße/Bismarckstraße in Idar im Jahre 1955. Am linken Bildrand sind noch die Pappeln zu erkennen, die lange Zeit den Schulhof der Marktschule umsäumten.

Das Gebäude von Korbs Saalbau auf der Lay, hier 1951, eine Wirtschaft mit einem großen Saal, in dem in der oldenburgischen Zeit auch Theateraufführungen stattfanden. In den fünfziger und sechziger Jahren als „Lido-Bar" bekannt, befindet sich das Haus seit einigen Jahren in Privatbesitz.

Die Idarer Layenstraße in den dreißiger Jahren. Links ist der Bereich des „Röhrenkumps" zu erkennen und am rechten Bildrand das im Februar 1962 abgerissene Wohnhaus des Idarer Nachtwächters Zang. Hier wurde kurz danach das erste Hochhaus in Idar errichtet.

Die Layenstraße in den fünfziger Jahren. Straßenabwärts ist die Baumgruppe am „Röhren-kump", im Hintergrund der Saarring mit dem Jahnhaus zu sehen. Rechts am Bildrand zu erken-nen ist die Metzgerei Ernst Dreher.

Die Layenstraße wird geteert. Typisch für die Instandsetzung der Straßen war der Einsatz von Straßenwalze und Teerwagen. Das Foto wurde Mitte der fünfziger Jahre aufgenommen. Rechts sieht man die Metzgerei Ernst Dreher.

Das Bild zeigt die Untere Meitzenbach im Jahre 1938, vom Zimmerplatz her gesehen.

Weyerbitz und Burrech, hier im Jahre 1930, gehören heute zum Bereich Mainzer Straße. Die an diesen Platz angrenzende Wiese links vorne wurde damals noch zum Bleichen der Wäsche benutzt.

Die katholische Kirche St. Peter und Paul in der Mainzer Straße, 1955. Zuerst wurde hier im Jahre 1925 eine Holzkirche erbaut, die wegen Baufälligkeit dringend umgebaut werden musste. So entstand dieses Gotteshaus, das am 7. Oktober 1951 eingeweiht wurde.

Auf dem Foto ist die Ecke Mainzer Straße/Schützenstraße im Jahre 1957 zu sehen. Auffallend ist das typische Straßenpflaster, das nach und nach entfernt und durch einen Asphaltbelag ersetzt wurde.

Die Aufnahme stammt aus dem Jahr 1951 und zeigt den Bereich Hasenklopp, Schützenstraße und Höckelbösch.

Das Foto zeigt den 1907 erbauten Bismarckturm, dessen Bau die Idarer Kasinogesellschaft veranlasste. Im Laufe der Jahre wurde das Gelände rund um den Turm eifrig bebaut. Auf dem Foto aus dem Jahr 1910 thront der Bismarckturm noch allein auf dem „Wartehübel".

2

Ansichten
anderer Stadtteile

Blick auf Algenrodt und die Saarstraße in Richtung Rötsweiler im Jahr 1953.

Aufnahme aus dem Ortskern Algenrodt mit Blick in Richtung Burrech. Das Foto stammt aus dem Jahr 1963.

Blick vom „Alten Schießhaus" auf die Tiefensteiner Straße in Richtung Wildenburg. Auf diesem Foto von 1930 erkennt man rechts vorne noch das Restaurant „Weiherschlösschen".

Die „Diedesbach" in Tiefenstein im Jahre 1958. Bei dem älteren Herrn handelt es sich um den Edelsteinkaufmann Heinrich Albert Becker, der von 1880 bis 1963 lebte und Chef der gleichnamigen Firma war.

Blick auf Enzweiler und Hammerstein im Jahre 1952. Im Vordergrund ist die Nahe zu sehen.

Enzweiler im Jahr 1953. Der Nahelauf führt hier von der Straße zur „Au" über den Hammersteiner Tunnel.

Göttschied im Jahr 1953. Damals handelte es sich noch um ein idyllisches Dorf.

3

Bäder

Für Obersteiner und Idarer war das Kammerwoogbad lange Zeit der einzige Platz für Badefreuden. Hier eine Aufnahme des Bades mit Fußgängersteg und Umkleidekabinen aus den dreißiger Jahren.

Auch in extrem kalten Wintern lockte das Bad Besucher an. Für Schlittschuhfreunde und Spaziergänger bot die Eisfläche geradezu ideale Bedingungen, wie diese Aufnahme aus dem Jahr 1920 beweist.

Wegen der zunehmenden Verschmutzung der Nahe wurde ein neues Bad gebaut, das nach etwa einjähriger Bauzeit am 16. Juli 1960 eröffnet und eine Woche später, am 23. Juli 1960, offiziell eingeweiht wurde. Hier das Bad noch in der Rohbauphase.

Das Schwimmbad „Kammerwoog", welches mit einem Kostenaufwand von 1,3 Millionen DM erbaut wurde, nach seiner Fertigstellung. Um das Bad weiterhin zu erhalten, konstituierte sich im November 2000 im Gasthaus Kammerhof ein Förderverein zur Erhaltung und Förderung des sanierungsbedürftigen Bades.

Ebenso wenig entspricht das „Stadenbad" in Tiefenstein den heutigen Ansprüchen. Auch hier konstituierte sich ein Förderverein. Die Aufnahme aus dem Jahr 1962 zeigt noch die bescheidene Ausstattung des Schwimmbades. Der Sprungturm war nicht mehr als ein Holzgerüst.

Das Stadenbad als Schlittschuhplatz und Eishockey-Spielfeld. Hier ein Eishockeyspiel im extrem kalten Winter 1962/63.

Um die ganzjährige Ausübung des Schwimmsports zu gewährleisten, beschloss der Stadtrat am 3. Juli 1968 den Bau eines Hallenbades. Nach der Grundsteinlegung am 4. Juni 1969 wurde es am 2. Januar 1971 eingeweiht. Hier sieht man den Anfang der Bauarbeiten.

4

Berühmte
Persönlichkeiten

Großherzog Friedrich August von Oldenburg auf dem Obersteiner Marktplatz, wo er am 30. April 1914 von den Honoratioren des öffentlichen Lebens begrüßt wird. Das linke Gebäude war die Stadtbürgermeisterei Oberstein. Das Haus wurde 1949 abgerissen.

Der Großherzog besuchte immer wieder das Birkenfelder Land. Hier eine Aufnahme vom 30. April 1914 in der unteren Hauptstraße in Oberstein. Im ersten Auto auf dem Rücksitz ist der Großherzog zu erkennen.

Die Idarer Hauptstraße beim Besuch des oldenburgischen Großherzogs Friedrich August und seiner Gattin Großherzogin Elisabeth am 11. Juni 1902. Das Haus im Hintergrund wurde 1863/64 von dem Idarer Handelsmann Johann Jakob Hahn erbaut und gehörte später der Perlenhändlerfamilie Purper.

Am 9. März 1954 gastierte der Theater- und Filmschauspieler Willy Birgel in der Festhalle mit dem Theaterstück „Rebecca" von Daphne du Maurier. Hier sieht man ihn ganz rechts in Begleitung des damaligen Bürgermeisters Leberecht Hoberg (zweiter von links) beim Besuch der Ausstellung in der Neuen Gewerbehalle.

Obwohl er am 16. Oktober 1969 zu einem Privatbesuch in Idar-Oberstein weilte, blieb die Anwesenheit von Bundespräsident Dr. Gustav Heinemann in der Stadt der Öffentlichkeit nicht verborgen. Hier sieht man den Bundespräsidenten beim Schreiben von Autogrammen.

Unser Foto zeigt den Bundesvorsitzenden der FDP, Dr. Erich Mende, der in seiner Eigenschaft als Mitglied des Verteidigungsausschusses am 13. Oktober 1960 die Artillerieschule der Bundeswehr besuchte, in der Mitte. Links der damalige Kommandeur der Artillerieschule, General Albrecht und rechts der FDP-Politiker Dr. Danz.

Eine bedeutende Persönlichkeit unserer Stadt war Dr. Ottmar Kohler, der „Arzt von Stalingrad", der von 1908 bis 1979 lebte. Vom 1. April 1957 bis zum 30. Juni 1973 leitete er das Städtische Krankenhaus. Nach ihm wurde eine Straße benannt.

5

Berufe der Edelstein- und Schmuckindustrie

Das Foto aus den fünfziger Jahren zeigt Achatschleifer bei der Arbeit. Während in alten Bach-
schleifen die Achate noch in liegender Position bearbeitet wurden, wird diese Tätigkeit heutzutage im Sitzen ausgeübt.

In der Achatindustrie war das Achatbohrergewerbe ein eigener Berufsstand. Die Aufnahme aus den fünfziger Jahren zeigt einen Achatbohrer bei der Arbeit. Die hier abgebildete Tätigkeit gehört längst der Vergangenheit an. Achatbohren wird heute mittels Anwendung von Ultraschall bewerkstelligt.

Diamantschleifer bei ihrer Tätigkeit, 1962. Dieser Berufszweig etablierte sich hier im Jahre 1886. Die Qualität und das Können der Idarer Diamantschleifer haben in der ganzen Welt stets große Beachtung gefunden.

Ein Zweig der Diamantschleiferei ist die Diamantsägerei, die 1934/35 in Idar-Oberstein ein-
geführt wurde. Untergebracht war diese Diamantsägerei in einem kleinen Gebäude am Idarer
Marktplatz. Heute befindet sich dort das „Idarer Früchteeck".

Das Foto aus dem Jahr 1963 zeigt Goldschmiede bei der Arbeit. Auch dieser Berufszweig kann
in unserer Stadt auf eine Jahrhunderte alte Tradition zurückblicken.

Oberstein war lange Zeit ein Mittelpunkt der Uhrkettenfabrikation, des Bijouteriewesens und der Metallwarenindustrie. Die Fabriken, die einst entlang der Nahe standen, sind heute fast alle verschwunden. Hier ein Obersteiner Industriefacharbeiter an der Kettenmaschine.

6

Brücken

Bei Sanierungsarbeiten an der Preußischen Brücke im August 1960 stellte man fest, dass hier noch vier Zentner Dynamit eingelassen waren, mit denen sie beim Rückzug der deutschen Truppen am 18. /19. März 1945 gesprengt werden sollte. Unser Foto zeigt ein Sprengkommando bei der Säuberung der Sprengkammern.

Weiter stadteinwärts erreicht man die Struthbrücke, hier eine Aufnahme aus dem Jahr 1924. Diese Brücke wurde beim Rückzug gesprengt. Nach dem Krieg begann man sofort mit dem Bau einer neuen Brücke, die am 14. Juni 1952 eingeweiht werden konnte.

Der Fußgängersteg über die Nahe in der Schönlautenbach wurde im Jahre 1940 angelegt.

Der rapide zunehmende Kfz-Verkehr nach dem Zweiten Weltkrieg machte den Bau der Schön-lautenbachbrücke notwendig. Hier sieht man die noch im Bau befindliche Brücke im Jahr 1955. Etwas naheaufwärts befindet sich der Fußgängersteg.

Am 4. Mai 1956 wurde die Schönlautenbachbrücke dem Verkehr übergeben. Mit dem Bau die-ser Brücke konnte der Ringverkehr und damit der Einbahnverkehr vom Idarer Alexanderplatz bis zum Ausgang der Stadt in Oberstein durchgeführt werden.

Bei der Einweihungsfeier waren zahlreiche Personen des öffentlichen Lebens zugegen. Das Foto zeigt Landrat Heep u.a. mit Offizieren der amerikanischen und französischen Streitkräfte sowie der Bundeswehr.

Die Marktplatzbrücke im „alten Oberstein". Im Hintergrund sieht man die Felsenkirche mit der ursprünglichen Form der Kirchturmspitze. Das Foto könnte etwa im Zeitraum von 1900 bis 1910 aufgenommen worden sein.

Das Foto zeigt den Wiederaufbau der Marktplatzbrücke nach der Sprengung im März 1945. Es stammt aus dem Jahr 1946.

Die Marktplatzbrücke in den sechziger Jahren. Sie musste im Zuge der Naheüberbauung wieder abgerissen werden.

Fußgänger hatten außerdem die Gelegenheit, die Nahe über das „Geißenbrückelchen" zu über-
queren. Die Aufnahme aus dem Jahr 1970 zeigt den Eisernen Steg, so der offizielle Name, mit
dem Sachsenhaus.

Kleiner Plausch auf dem „Geißenbrückelchen". Das Foto stammt aus den sechziger Jahren.

Ein wichtiger Überweg über die Nahe war die Bahnhofsbrücke, später Otto-Decker-Brücke. Sie wurde im Jahr 1899 erbaut und war ein Teil der Straßenbahnstrecke vom Idarer Alexanderplatz zum Bahnhof. Das Foto von 1914 zeigt einen Straßenbahnwagen auf dieser Brücke.

Das Foto zeigt die Bahnhofsbrücke in den dreißiger Jahren. Auf der Anhöhe sieht man die in den zwanziger Jahren erbaute Hohlkaserne.

Die gesprengte Bahnhofsbrücke wurde noch im Jahr 1945 wieder aufgebaut. Sie wurde mit altem Eisenmaterial errichtet, das man von irgendwoher organisierte. Unser Foto von 1948 zeigt das Provisorium, die Häuser der Obersteiner Baugenossenschaft an der Mainzer Straße und die Klotzbergkasernen.

Das Provisorium in den fünfziger Jahren. Die Brücke war Verkehrsweg für Straßenbahn, Busse, Autos, Lastwagen und sogar Fußgänger. Besonders für Letztere war die Überquerung nicht ganz ungefährlich.

Aufgrund ihrer geringen Belastungsfähigkeit stellte die Eisenkonstruktion für den Verkehr eine große Gefahr dar und musste abgerissen werden. An ihrer Stelle entstand mit finanzieller Hilfe der Landesregierung eine neue Brücke, die man hier noch im Rohbau sieht. Im Vordergrund ein Behelfssteg für die Fußgänger.

Am 13. Dezember 1958 konnte die neue Brücke – seit dem Jahr 1947 in Otto-Decker-Brücke umbenannt – endgültig ihrer Bestimmung übergeben werden. Unser Foto zeigt rechts den Idar-Obersteiner Bürgermeister Leberecht Hoberg und links, das Band durchschneidend, Landrat Dr. Walter Beyer.

Trotz des nasskalten Wetters waren neben den Personen des öffentlichen Lebens auch zahlreiche Bürger gekommen, um die Inbetriebnahme der Otto-Decker-Brücke selbst miterleben zu können.

Die zerstörte Hindenburgbrücke, jetzt Wilhelm-Leuschner-Brücke, im Wiederaufbau. Die Aufnahme stammt ebenfalls aus dem Jahr 1947.

Die Wilhelm-Leuschner-Brücke in den sechziger Jahren. Der Wohnungsbau auf der Hohl machte in diesem Zeitraum große Fortschritte.

Die Aufnahme aus dem Jahr 1900 zeigt die Überquerung des Idarbaches im Bereich des heutigen Schleiferplatzes. Links am Bildrand ist noch die alte Adler-Apotheke zu erkennen.

Die Brücke über den Idarbach im Bereich des heutigen Schleiferplatzes. Ganz links am Vorbau sieht man die alte Adler-Apotheke. Aufnahme aus dem Jahr 1938.

Diese Aufnahme wurde etwa zwanzig Jahre später gemacht. Ganz links am Bildrand ist der Eingang der Adler-Apotheke zu sehen.

Die Aufnahme stammt aus dem Jahr 1937 und zeigt im Vordergrund die Brücke, über die man ins Schmidtsgässchen und von da aus zur Hauptstraße gelangen konnte.

Die Idarbach-Brücke am Idarer Alexanderplatz, etwa um die Jahrhundertwende.

Die zunehmende Motorisierung machte einen Ausbau der Verkehrswege unumgänglich. Durch die topographischen Verhältnisse in der Umgebung war man gezwungen, zur Überquerung der Täler gewaltige Viadukte zu errichten. Hier der Viadukt bei Hammerstein im Jahr 1965, kurz vor seiner Vollendung.

Im März 1945, als die amerikanischen Truppen immer weiter in Richtung Idar-Oberstein vorrückten, mussten auch ältere Männer, Kinder und in großer Mehrheit Frauen militärische Aufgaben übernehmen. Unser Foto zeigt die Belegschaft der Obersteiner Firma Fritz Robinson bei Schanzarbeiten am Eisenbahnviadukt Altenberg.

7

Besondere Ereignisse

Die Stadt Idar-Oberstein wurde immer wieder von Überschwemmungen heimgesucht. Hier das Gebäude der Kettenfabrik August Haupt in der unteren Hauptstraße, Mitte Januar 1918, nachdem das Hochwasser abgeebbt war. Insgesamt entstand ein Schaden von 500 000 Mark.

Hochwasser Mitte Februar 1962 nach starken Regenfällen. Betroffen sind auch hier verschiedene Fabrikanlagen.

Dem ersten Schnee und Frost im November 1965 folgte am 5. und 6. Dezember ein Tief mit orkanartigen Stürmen und außerordentlich starken Regenfällen. Die Behörden sprachen von einer „Hochwasserkatastrophe". Hier die Hochwassersituation am Eisenbahnviadukt in der Schönlautenbach.

Feuerwehr und freiwillige Helfer packten mit an, um der Wassermassen Herr zu werden. Im Hintergrund sieht man die Firma „Ziemer & Söhne".

Sämtliche Straßen standen nach den sintflutartigen Regenfällen unter Wasser. Hier eine Aufnahme aus der Hauptstraße in der Nähe des alten Stadthauses, in welchem man heute die Polizei findet.

Hochwasser Mitte Januar 1968 nach der Schneeschmelze.

Nach wochenlanger Trockenheit überfluteten am 20. August 1969 wolkenbruchartige Regenfälle die Idar-Obersteiner Straßen. Nahe und Idarbach traten über die Ufer. Hier die prekäre Hochwassersituation am ehemaligen Stadthaus.

Bei einem Rekordwinter mit Temperaturen bis zwanzig Grad Minus waren Flüsse und Seen mit einer dicken Eisschicht bedeckt. Um den Eismassen einen besseren Abfluss zu ermöglichen, führte die Bundeswehr am 8. und 9. März 1963 einige Sprengungen durch, was Tausende von Zuschauern anlockte.

Der Idarer Saalbau war Sängerheim des Idarer Männergesangvereins, Kasino für französische Besatzungsoffiziere, Ort für Tanz- und politische Veranstaltungen. Die Grundsteinlegung erfolgte am 8. Mai 1920. Hier das Gebäude, von der Mainzer Straße aus gesehen, in den sechziger Jahren.

Dies blieb vom Idarer Saalbau, der am 9. Dezember 1968 einem Brand zum Opfer fiel, übrig. Nach und nach wurde das Gebäude abgetragen.

Das Stadtbild Obersteins entlang der Nahe war jahrzehnte lang von Fabrikschornsteinen der Metallwaren- und Eloxalbetriebe geprägt. Aufgrund struktureller Veränderungen wurde auch die Fabrik Robinson in der Unteren Hauptstraße am 3. August 1962 abgerissen. Hier wird gerade der Fabrikschornstein gesprengt.

8

Brunnen

Der „Röhrenkump" Mitte der sechziger Jahre. Die alte Brunnensäule war inzwischen entfernt, das Wasser floss nur noch aus einem kleinen Rohr. Nach einer mit Spendengeldern finanzierten Umgestaltung im Frühjahr 1998 erhielt der Brunnen wieder sein Originalaussehen und wurde am 11. Juni 1999 eingeweiht.

In den Sommermonaten Ende der fünfziger Jahre herrschte andauernde Wassernot. Aber auch im Winter 1963 wurde die Lage kritisch, da alle Leitungen eingefroren waren und deswegen das Wasser abgestellt wurde. Die Bevölkerung musste das Wasser mit Eimern vom „Röhrenkump" holen, wie hier im Februar 1963.

Für Kinder dienten die alten Brunnen auch als Spielplatz. Unser Foto zeigt Kinder am Brunnen in der Alten Poststraße in Tiefenstein, 1963.

Dies zeigt sich ebenso auf diesem Foto aus den sechziger Jahren. Hier ein alter Brunnen in der Idarer Hauptstraße am Hause Gräff.

Nachdem die Brunnen nicht mehr in Gebrauch waren, blieben in den folgenden Jahren oft nur noch kümmerliche Überreste. Hier die Brunneneinfassung in der Jahnstraße 9 im Stadtteil Oberstein, 1961.

9

Energieversorgung

Das Gaswerk, hier auf einem Foto von 1963, wurde am 20. Oktober 1878 in Betrieb genommen. Es wurde zuerst von den noch selbständigen Städten Oberstein und Idar gemeinsam betrieben, ab 1933 von der in diesem Jahr neu entstandenen Stadt Idar-Oberstein.

Das Elektrizitätswerk der Oberstein-Idarer Elektrizitäts-AG nahm am 18. Oktober 1900 offiziell seinen Betrieb auf, hier um 1950. Zu sehen sind der Schornstein des Werkes, ein Teil seiner
Gebäude, links das Stadthaus, von 1933 bis 1995 Sitz der Stadtverwaltung und heute der Polizei.

Die hier gezeigte Gaserzeugungs-anlage stellte 1962 die Gaserzeu-gung wegen Unwirtschaftlichkeit ein und diente dann als Verteiler-station der Saar-Ferngas AG, musste aber schließlich abgerissen werden. Die Abbrucharbeiten waren im Februar 1968 beendet. Heute steht auf dem Gelände das Gebäude der Feuerwache 1.

Wegen der anhaltenden Wassernot fasste der Stadtrat den Beschluss zum Bau einer Talsperre am Steinbach in der Nähe von Katzenloch. Das Foto zeigt rechts den Oberbürgermeister Leberecht Hoberg bei einem Interview anläßlich des Spatenstichs am 26. März 1963.

Die Steinbachtalsperre im Bau. Unzählige Kubikmeter Erde mussten bewegt werden, bis dieses Projekt beendet war.

Die Steinbachtalsperre wurde neuer Trinkwasserspeicher für die Stadt Idar-Oberstein und andere Gemeinden. Sie wurde am 10. Juni 1966 ihrer Bestimmung übergeben.

10
Festplätze

Für Feste, Jahrmärkte usw. stehen die entsprechenden Plätze in Oberstein und Idar zur Verfügung.
Hier eine Aufnahme eines Jahrmarkts auf dem Idarer Marktplatz Ende der fünfziger Jahre.

Im selben Zeitraum wurde dieses Foto vom Platz „Auf der Idar" aufgenommen. Man sieht hier noch die bescheidene Ausstattung der Fahrgeschäfte und Verkaufsbuden. Im Hintergrund die noch spärlich bebaute „Hohl" mit der Hohlkaserne.

„Was dem Dürkheimer sein Wurstmarkt und dem Wormser sein Backfischfest wird in Zukunft für Idar-Oberstein sein Spießbratenfest sein," so die „Allgemeine Zeitung". Das erste Spieß-bratenfest fand vom 23. bis 26. Juni 1967 statt, wie alle Folgefeste in der „Vollmersbach". Hier eine Aufnahme aus dem Jahr 1968.

11

Krankenhäuser

Die Grundsteinlegung für des Obersteiner Krankenhaus war der 30. Juni 1905. Erbauer war ebenso wie einige Jahre zuvor beim Idarer Krankenhaus der Saarbrücker Architekt Hans Weszkalny. Das auf dem Treibelsberg erstellte Haus kostete insgesamt 153 000 Mark.

Die Inbetriebnahme des Idarer Krankenhauses, das zeitweise Unterkunft des Reichsarbeits-
dienstes, dann wieder Kinderkrankenhaus wurde, erfolgte am 25. November 1901. 1957 wurde
das Gebäude abgerissen und durch ein neues Haus ersetzt, das am 14. März 1959 als erstes
Altenheim in Idar-Oberstein eröffnet wurde.

Das Obersteiner Krankenhaus musste zwischen 1952 und 1958 immer wieder erweitert werden. Nach Inbetriebnahme des neuen Städtischen Krankenhauses in Göttschied wurde es ein Alten- und Pflegezentrum. Das Foto stammt aus den sechziger Jahren.

Weil die Bettenkapazitäten im Obersteiner Krankenhaus nicht mehr ausreichen, begann am 5. Juli 1968 in Göttschied ein Krankenhausneubau. Unser Foto vom Februar 1970 zeigt eine Ortsbesichtigung städtischer Vertreter und Mitglieder des Stadtrats.

Das Krankenhaus in Göttschied ist hier im Rohbau zu sehen. Am 30. Mai 1969 wurde das Richtfest gefeiert.

Die Städtischen Krankenanstalten nach ihrer Fertigstellung. Offizielle Einweihung war der 10. November 1972.

12

Nahe und Idarbach

Sowohl innerhalb des Stadtgebietes als auch etwas außerhalb gab es idyllische Plätzchen, wie uns das Foto aus dem Jahr 1960 zeigt. Wir befinden uns hier am „Mühlendeich" im Tiefensteiner Staden (Mühle Strack).

Idylle am Idarbach in Idar. Zu erkennen ist die katholische Kirche St. Peter und Paul. Das Foto wurde am 23. Mai 1931 aufgenommen.

Blick über den Idarbach in die Brunnengasse, heute Mainzer Straße, um 1900.

Blick über den Alexanderplatz gegen die Lay, Juli 1937.

Das Foto zeigt den Weg vom Alexanderplatz zum Rödgesberg im Februar 1955.

Es gab eigentlich wenige Winterperioden, in denen Nahe und Idarbach vollkommen zugefroren waren. Ein solcher Winter war der Rekordwinter im Jahr 1927/28. Kinder und Erwachsene ließen sich die Gelegenheit nicht entgehen, sich auf der Nahe zu vergnügen.

Blick von der Bahnhofsbrücke, später Otto-Decker-Brücke, auf die Wüstlautenbach-Einmündung. Im Hintergrund ist noch die Wirtschaft Emil Falz zu erkennen. Das Foto stammt aus den dreißiger Jahren.

Wir befinden uns hier in der unteren Hauptstraße und sehen, wie es um 1920 dort noch aussah. Auffallend sind die Fabrikschornsteine entlang der Straßen und der Nahe.

Die Nahe am Gefallenen Felsen mit Eisenbahnviadukt und Tunnel, um 1918.

Das Foto wurde vor 1900 aufgenommen und zeigt die Nahe am Meerhafen in Hammerstein.

Die Nahe mit Blick auf die Eisenbahnbrücke zwischen den Tunneln bei Enzweiler, August 1950.

13

Schulen

Die Auschule im Stadtteil Oberstein wurde am 2. Oktober 1884 eingeweiht und Mitte Oktober 1978 abgerissen, hier 1962. Das Gebäude diente nach dem ersten Weltkrieg als Unterkunft für französische Besatzungstruppen, dann als Arbeits- und Zollamt. Heute steht an dieser Stelle das Parkhaus Au.

Nicht weit weg von der Auschule wurde die Flurschule gebaut und am 5. Januar 1903 eingeweiht. Im März 1954 wurde ein Totalumbau durchgeführt. Unser Foto, aufgenommen um 1950,
zeigt die Flurschule in ihrem ursprünglichen Zustand.

Das älteste Schulgebäude in Oberstein
war die im Jahr 1838 erbaute katholische Volksschule in der Wasenstraße,
auch „Wasenschule" genannt. Sie
wurde im Jahre 1970 wegen Baufälligkeit abgerissen.

Am 2. Februar 1959 beschloss der Stadtrat den Bau von drei Schulen im Stadtteil Oberstein, nämlich auf der Struth, auf der Hohl und in der Weinsau. Das Foto zeigt die Weinsauschule nach ihrer Fertigstellung. Der Schulbetrieb wurde am 23. April 1963 aufgenommen.

Teil dieses Schulbauprogramms war auch der Bau einer Schule auf der Struth. Baubeginn war am 8. Juli 1959, die Inbetriebnahme erfolgte am 2. Mai 1962. Auffallend auf dem Foto sind die noch spärlich bebauten Flächen unterhalb des Neuwegs.

Die 1891 erbaute Marktschule in Idar, hier um 1913, war während des 1. Weltkriegs Lazarett, danach Unterkunft für französische Besatzungstruppen, nach dem Zweiten Weltkrieg teilweise französische Schule, und übergangsweise die Realschule Idar-Oberstein. Außerdem beherbergte sie u.a. das Finanzamt, das Stadtarchiv und eine Filiale der Stadtbibliothek.

Die alte Schule in Algenrodt in den fünfziger Jahren. Das Gebäude verlor seine Funktion als Lehranstalt, als im Zeitraum 1966 bis 1968 ein neues Schulzentrum – die Grund- und Hauptschule Algenrodt – gebaut wurde.

Ähnlich war es in Tiefenstein, als im selben Zeitraum ebenfalls ein großes Schulgebäude errichtet wurde. Hier noch die alte Tiefensteiner Schule in den fünfziger Jahren.

Unser Foto zeigt die Realschule in der Vollmersbach, mit deren Bau am 1. April 1964 begonnen wurde und wo vom 19. April 1966 an der Unterricht stattfand.

Das Foto vom Juni 1960 zeigt das Gebäude der Kreisberufsschule, mit dessen Bau am 23. April 1956 in der Vollmersbach begonnen wurde. Am 1. September 1958 war sowohl für die Handelsschule als auch für die kaufmännische Berufsschule offizieller Unterrichtsbeginn.

14

Sport

Dem Sport war unsere Bevölkerung von je her zugetan. Die Sportvereine konnten in den letzten hundert Jahren immer wieder beachtliche Erfolge vorweisen. Auch fanden oft besondere Sportereignisse statt, wie der Flugtag auf dem Neuweg am 15. September 1929.

Eine große Zuschauerkulisse verfolgte die Flugvorführungen der Piloten. Vor allem Kinder zog dieses Ereignis in Bann.

Unser Foto aus dem Jahr 1960 zeigt Schülerturnerinnen des Idarer Turnvereins bei ihren Vorführungen während eines Elterntags. Links im Bild sieht man Herta Lang, die noch heute im Seniorensport aktiv ist.

Sportereignisse aller Art zogen in Idar-Oberstein die Zuschauer an. Hier der Start zu einem 100-Kilometer-Straßenrennen des Radfahrvereins „Wanderlust Oberstein". Die Aufnahme stammt aus dem Jahr 1963.

Vom 11. bis 14. März 1954 fanden in der Obersteiner Festhalle die deutschen Billardmeisterschaften statt. Unser Foto zeigt den Idar-Obersteiner Paul Schneider, der dieses Turnier für sich entscheiden konnte.

Einer der erfolgreichsten Sportler Idar-Obersteins war Bernd Cullmann, der mit der deutschen 4 x 100-m-Staffel bei den Olympischen Spielen 1960 in Rom die Goldmedaille gewann. Hier bei seiner Heimkehr am 12. September 1960, vor der „Schlossschenke".

Die Triumphfahrt ging durch die ganze Stadt. Der Konvoi befindet sich hier in der Idarer Hauptstraße. Ganz links die Buchhandlung „Carl Schmidt & Co.", im Hintergrund die „Firma Wilhelm Kruel".

15

Straßen- und Wohnungsbau

In den dreißiger Jahren förderte das NS-Regime mit Hilfe der Baugenossenschaften den so genannten Volkswohnungsbau. Unser Foto zeigt einen Plan für „Volkswohnungen" auf der Struth, angefertigt von dem damaligen Idar-Obersteiner Stadtbaumeister Johannes Schloß-bauer, der von 1878 bis 1960 lebte.

Die Volkswohnungen auf der Struth nach ihrer Fertigstellung im Jahr 1939.

Das Foto zeigt hier die Bebelstraße Anfang der sechziger Jahre. Typisch ist der einheitliche Baustil der Siedlung.

Eine rege Bautätigkeit fand in den „Wirtschaftswunderjahren" nach dem Zweiten Weltkrieg statt. Die Aufnahme stammt aus dem Jahr 1962 und zeigt die Anlegung der Trasse für die neue Struthstraße.

Auch im Wohngebiet auf der Struth wurde wie in anderen Stadtbezirken die Nachtbeleuchtung auf Neonlicht umgestellt. Das Foto wurde im März 1960 aufgenommen.

Straßenbau im Bereich von Struth und Neuweg im Jahr 1961.

Man half sich gegenseitig: Spätheimkehrersiedlung auf der Ludwigshöhe in Oberstein in den fünfziger Jahren.

Auch in Idar-Oberstein war die Wohnungsnot in den 1950er- und 1960er-Jahren eines der vordringlichsten Probleme. Wegen der starken Bevölkerungszunahme in den Nachkriegsjahren, die u.a. in dem laufenden Zuzug von Flüchtlingen und Heimatvertriebenen begründet lag, und der von der französischen Besatzungsmacht vorgenommenen Requisitionen war der Wohnraum im Stadtgebiet äußerst knapp. Der Wohnungsnot konnte man vorerst nur mit der Aufstellung von Baracken in einigen Bezirken begegnen. Ein von der Stadt initiiertes Barackenbeseitigungsprogramm von Anfang bis Mitte der 1960er-Jahre konnte schließlich Abhilfe schaffen.

Abriss einer einst in der Wilhelmstraße gelegenen einstöckigen Notunterkunft, auch Behelfsheim genannt. Die Unterkunft musste einer Bushaltestelle weichen. Die Aufnahme stammt aus dem Jahr 1960.

Der zunehmende Autoverkehr in den Wirtschaftswunderjahren forderte seinen Tribut. Zur Verbreiterung der Straße mussten die Chausseebäume an der Struther Brücke entfernt werden. Die Aufnahme entstand 1961.

Von der Tankstelle am Gefallenen Felsen bis zur Abzweigung zum Friedhof Almerich erhielt die Bundesstraße 41 einen Bürgersteig. Unser Foto vom März 1962 zeigt Arbeiter, die zu diesem Zweck das Gelände an der Felsseite mit Hacke und Schaufel freimachen.

Bis zu den Burgruinen barg die Schloss-
straße für den Kfz-Verkehr wegen ihrer
Enge stets große Gefahren. Unsere Aufnahme vom August 1960 zeigt Bauar-
beiter bei der Verbreiterung der Straße.

Unser Foto aus dem Jahr 1961 zeigt
Straßenbauarbeiter bei der Erweiterung
der Straße zwischen Tiefenstein und
Kirschweiler Brücke.

119

Der Weg von der alten Göttenbach, wo sich heute das Polizeirevier befindet, hinauf nach Göttschied, 1961. Durch die Eingemeindung Göttschieds und durch den Bau eines neuen Krankenhauses in diesem Stadtteil ist aus dem Feldweg eine stark frequentierte Straße geworden.

Unser Foto vom Februar 1962 zeigt Arbeiter beim Flicken von Schlaglöchern an der Kreuzung Hauptstraße/Saarstraße.

16

Verkehr

Nach ihrer ersten Fahrt am 18. Oktober 1900 verkehrte die Straßenbahn zwischen Alexanderplatz und Bahnhof beinahe sechs Jahrzehnte lang. Hier eine Aufnahme aus dem Jahr 1909 in der unteren Hauptstraße von Idar.

Die Straßenbahn an der Kreuzung Haupt- und Layenstraße im Jahr 1935.

Ausgangspunkt für die Straßenbahn in Richtung Oberstein war der Idarer Alexanderplatz, hier Anfang der fünfziger Jahre.

Die Straßenbahn in der Obersteiner Bahnhofstraße in Fahrtrichtung Bahnhof, um 1955. Im Hintergrund sieht man die Hohlkasernen.

Ab 20. Februar 1932 wurden Oberleitungsbusse eingesetzt, zuerst auf der Strecke von Idar nach Tiefenstein und nach Abschaffung der Straßenbahn im Juli 1956 auf der gesamten Strecke von der Rodter Mühle in Tiefenstein bis zum Bahnhof. Im Mai 1969 wurden sie außer Dienst gestellt und durch Dieselbusse ersetzt. Aber noch zur Zeit der Oberleitungsbusse mussten schon Dieselbusse eingesetzt werden, um die Passagiere auch in die Bezirke zu bringen, die nicht unmittelbar an der Hauptstrecke von Tiefenstein nach Oberstein lagen. Unser Foto aus den sechziger Jahren zeigt einen solchen Dieselbus an der Haltestelle Alexanderplatz. Rechts oben sind die O-Busleitungen zu erkennen.

Bereits in den zwanziger Jahren befuhren die Omnibusse der Post die Straßen unserer Stadt. Sie wurden für den Überlandverkehr eingesetzt. Unser Foto aus den fünfziger Jahren zeigt die Postbusse auf ihrem Abstellplatz am so genannten Posthof am Hommelsplatz.

Die Obersteiner Hauptstraße um 1920. Sie wurde damals auch noch von Pferdefuhrwerken befahren, die jedoch bald aus dem Straßenbild verschwanden. Das Verkehrsaufkommen war noch äußerst bescheiden.

Drei Jahrzehnte später bewirkten die engen Straßen Obersteins vor allem in den Hauptver-
kehrszeiten lange Staus. Unsere Aufnahme aus den fünfziger Jahren zeigt die untere Hauptstraße mit Einmündung Alte Gasse, links das Heimatmuseum, in der Mitte die Gaststätte
„Schloßschenke".

Aus den sechziger Jahren stammt dieses
Foto von einem Verkehrsstau an „Gils-
bachs Eck". Viel Arbeit für den Polizisten, der den Verkehr an dieser Kreuzung
regelt.

Der Verkehr durch die Obersteiner Hauptstraße war oft dermaßen stark, dass es nur noch im Schritttempo vorwärts gehen konnte. Ab und zu hatte man noch Zeit, seine Wagenfenster zu putzen. Das Foto stammt aus dem Jahr 1962.

Foto aus demselben Jahr. Auch dieses Bild belegt eindrucksvoll den immer dichteren Verkehr in der Hauptstraße.

126

Im Stadtteil Idar herrschte eine ähnlich schwierige Verkehrslage. Unsere Aufnahme zeigt die Idarer Hauptstraße im Jahre 1957.

Verkehrskontrolle in Tiefenstein in den sechziger Jahren. Die Kleidung der Polizisten, schwerer Mantel, „Knobelbecher", Lederkleidung, unterscheidet sich von der heutigen beträchtlich.

Viele weitere interessante

BÜCHER **AUS IHRER REGION**

finden Sie unter:

www.suttonverlag.de

Die Heimat entdecken!

Von Kiel bis Wien,
von Aachen bis Görlitz:
Entdecken Sie Alltagsgeschichten
aus Ihrer Heimatstadt!

Leben in der Großstadt ...

Tauchen Sie ein in das quirlige Großstadtleben vergangener Tage. Spazieren Sie über breite Boulevards und stürzen Sie sich ins Nachtleben. Erkunden Sie ihre Stadt durch die Fensterscheiben einer Straßenbahn oder des ersten Käfers und bewundern Sie prächtig geschmückte Schaufenster.

... und ländliche Idylle

Wie sah das Leben in Ihrer Heimat aus, als die Bauern noch mit Pferden pflügten und jedes Dorf seinen eigenen Schmied hatte, jeder noch jeden kannte und das Leben sich zwischen Kirche, Wirtshaus und Wohnküche abspielte?

Erinnerungen an die Schulzeit ...

Erinnern Sie sich noch an die Zeiten von Abakus und Schiefertafel, an Klassenausflüge oder den ersten Taschenrechner? Blicken Sie zurück auf große Klassen und gestrenge Schulmeister, entdecken Sie auf Klassenfotos Freunde und Bekannte von früher!

... und das Arbeitsleben

Entdecken Sie, wie sich das Arbeitsleben in den letzten hundert Jahren verändert hat. Werfen Sie einen Blick in Fabrikhallen, blicken Sie Handwerksmeistern bei ihrer Arbeit über die Schulter und erinnern Sie sich an den Einkauf im Tante-Emma-Laden.

www.suttonverlag.de

Gesellige Stunden im Verein …

Fußballclub und Schützenverein, Musikkapelle und Gesellenverein: Schauen Sie zurück auf Volksfeste und Turniere, Chorproben oder Prunksitzungen. Erinnern Sie sich an schöne Stunden und das gesellschaftliche Leben in Ihrer Heimat.

... und im Familienkreis

Werfen Sie einen Blick in die Wohnzimmer vergangener Tage und entdecken Sie, wie sich zwischen schweren Eichenmöbeln, Nierentischen und Ikea-Regalen der Alltag verändert hat. Erleben Sie Familienfeiern und Weihnachtsfeste im Wandel der Jahrzehnte mit.

Alltagsgeschichte in historischen Fotos
zu über 1000 Regionen, Städten und Gemeinden

Bestellen Sie jetzt
Ihr persönliches Exemplar auf

www.suttonverlag.de

Zeitfracht Medien GmbH
Ferdinand-Jühlke-Straße 7
99095 Erfurt, Deutschland
produktsicherheit@kolibri360.de

Druck:
CPI Druckdienstleistungen GmbH
im Auftrag der
Zeitfracht Medien GmbH
Ein Unternehmen der Zeitfracht - Gruppe
Ferdinand-Jühlke-Str. 7
99095 Erfurt